DE LA

CONCURRENCE DÉLOYALE

A L'AIDE DE

FAUSSES INDICATIONS

SUR LA PROVENANCE DES PRODUITS

PAR

Maurice DUFOURMANTELLE

AVOCAT A LA COUR D'APPEL DE PARIS, DOCTEUR EN DROIT

(Extrait de la Revue du Commerce et de l'Industrie)

NANCY

IMPRIMERIE BERGER-LEVRAULT ET Cⁱᵉ

18, RUE DES GLACIS, 18

1895

DE LA
CONCURRENCE DÉLOYALE

A L'AIDE DE

FAUSSES INDICATIONS

SUR LA PROVENANCE DES PRODUITS

PAR

Maurice DUFOURMANTELLE

AVOCAT A LA COUR D'APPEL DE PARIS, DOCTEUR EN DROIT

(Extrait de la *Revue du Commerce et de l'Industrie*)

NANCY

IMPRIMERIE BERGER-LEVRAULT ET Cⁱᵉ

18, RUE DES GLACIS, 18

1895

DE LA CONCURRENCE DÉLOYALE

A L'AIDE DE

FAUSSES INDICATIONS SUR LA PROVENANCE DES PRODUITS

---

1. *Considérations générales*. — Parmi les formes si diverses et si variées
que sait revêtir la concurrence déloyale, il en est une qu'il est intéressant
d'étudier spécialement, non seulement parce qu'elle concerne souvent des
intérêts collectifs considérables, mais aussi parce qu'elle a fait récemment
l'objet d'une réglementation internationale nouvelle : je veux parler de
la concurrence qui consiste à présenter des produits comme provenant
d'un lieu d'où ils ne proviennent pas en réalité.

Lorsqu'un produit a acquis une réputation, soit parce qu'il sort d'une
maison avantageusement connue sur le marché, soit parce qu'il provient
d'une région où ce genre de produits est fabriqué avec un soin qui lui
assure une supériorité marquée sur les produits similaires fabriqués dans
d'autres contrées, on voit inévitablement des commerçants et des industriels peu scrupuleux se livrer à des manœuvres de concurrence déloyale
en vue de faire passer leurs propres marchandises pour des objets venant
de la maison ou de la région réputée, afin d'en assurer ainsi un écou-
lement important. Les moyens employés à cet effet sont des plus variés :
tantôt le commerçant ou l'industriel apposera sur ses produits la marque
d'autrui ou une marque frauduleusement imitée ; ce délit est prévu et
puni par les articles 7 à 15 de la loi du 23 juin 1857 ; — tantôt il revêtira
ses produits du nom ou de la raison commerciale d'un autre fabricant,
délit prévu et puni par l'article 1er de la loi du 28 juillet 1824 ; — tantôt
encore il apposera sur ses produits le nom d'un lieu autre que celui d'où
ils proviennent ; c'est cette dernière manœuvre que l'on désigne plus
spécialement en disant qu'il y a alors une fausse indication sur la provenance du produit.

L'industriel qui met sur ses produits un nom de ville, lieu ou région
autre que celui de l'endroit d'où ils proviennent réellement, tend à faire
croire que ces produits sont originaires de l'endroit faussement indiqué,

et cherche ainsi à les faire bénéficier de la renommée attachée aux produits réellement originaires du lieu en question.

Cette fraude porte atteinte à un double intérêt : d'une part, elle a pour effet de tromper le consommateur, qui, croyant sur la foi de la déclaration du fabricant, acheter par exemple une pièce de drap de Sedan, achète en fin de compte du drap fabriqué tout autre part et faussement indiqué comme provenant de Sedan ; d'autre part, elle cause un grave préjudice aux fabricants du lieu faussement indiqué comme lieu de provenance, non seulement par la concurrence qui leur est ainsi faite, mais aussi par la dépréciation que leurs produits courent le risque de subir, car il ne faut pas se dissimuler que sous le couvert de la fausse indication de provenance on cherchera à écouler dans le public des produits de qualité inférieure. A ce double point de vue, il importe de réprimer cette sorte spéciale de concurrence déloyale.

Ces observations préliminaires présentées, nous devons examiner trois hypothèses : 1° la fausse indication de provenance porte sur des objets de provenance française ; 2° la fausse indication de provenance porte sur des objets de provenance étrangère[1] ; 3° comment est réprimée la fausse indication de provenance d'après le droit conventionnel.

I. — LA FAUSSE INDICATION DE PROVENANCE PORTE SUR DES OBJETS DE PROVENANCE FRANÇAISE.

2. — Nous supposons ici qu'il s'agit d'objets fabriqués en France dans tel endroit et portant l'indication d'un autre endroit, comme lieu de provenance. Prenons un exemple : un industriel possède à Limoges une fabrique de draps ; il appose sur les draps qui sortent de cette fabrique une indication présentant ces produits comme étant des draps de Sedan ; cette mention mensongère constitue la fausse indication de provenance, et trompe les acheteurs en même temps qu'elle porte préjudice aux fabricants de Sedan. La loi du 28 juillet 1824 a pour objet de punir ce genre de fraude[2].

---

1. Bien entendu, nous n'étudierons les deux premières hypothèses qu'au point de vue du droit français.

2. Loi du 28 juillet 1824, art. 1er : « Quiconque aura soit apposé, soit fait apparaître par addition, retranchement ou par une altération quelconque sur des objets fabriqués..... le nom d'un lieu autre que celui de la fabrication, sera puni des peines portées en l'article 423 du Code pénal, sans préjudice des dommages intérêts, s'il y a lieu. Tout marchand, commissionnaire ou débitant quelconque sera passible des effets de la poursuite, lorsqu'il aura sciemment exposé en vente ou mis en circulation les objets marqués de noms supposés ou altérés. »

§ 1ᵉʳ. — *A quelles conditions y aura-t-il tromperie sur la provenance du produit ?* — Deux conditions sont nécessaires: il faut en premier lieu une indication mensongère, et en second lieu que cette indication porte sur le lieu de provenance attribuée au produit.

3. — En quoi peut consister l'*indication mensongère* à l'aide de laquelle sera commise la tromperie sur la provenance du produit? Aux termes de la loi de 1824, le délit de fausse indication de provenance existera quand le nom d'un lieu autre que celui de la fabrication sera *apposé* sur l'objet fabriqué. Il n'est d'ailleurs pas nécessaire que le nom soit adhérent au produit lui-même, par exemple qu'il soit reproduit dans le tissage d'une étoffe; il suffit qu'il figure sur l'enveloppe du produit ou sur son étiquette; sinon la protection de la loi ne s'appliquerait pas aux liquides, ce qui serait inadmissible, surtout en présence des termes larges de la loi qui punit le fait soit d'*apposer,* soit de faire *apparaître* le nom d'un lieu autre que celui de la fabrication.

Le délit prévu par la loi de 1824 se trouve commis dès que le nom d'un lieu autre que celui de la fabrication est apposé ou apparaît sur le produit; il importe peu par suite que le fabricant fasse suivre ce nom usurpé d'une mention quelconque en vue de rendre l'imitation non identique; il serait trop aisé de tourner ainsi la loi et de se livrer sans crainte à une concurrence des plus déloyales; il y aurait, par exemple, une fausse indication de provenance, tombant sous le coup de la loi, dans le fait d'apposer sur des bouteilles de liqueurs le mot « Chartreuse », même suivi des mots « de Saint-Hugon », alors que ce produit n'est pas fabriqué dans le lieu connu sous le nom de Chartreuse (Grenoble, 14 février 1879; *Annales,* 79, 324); dans le même ordre d'idées, certaines dispositions de jurisprudence ont décidé qu'il y avait usurpation de nom dans le fait d'appliquer le mot « Chartreuse » à des liqueurs ne provenant pas du couvent de la Grande-Chartreuse, alors même que les étiquettes porteraient la mention *façon de . . .* ou *imitation de . . .* (Trib. Seine 29 mai 1878; *Annales,* 78, 149. — Cassat. 19 janvier 1887, *Pandectes franç.,* 88, I, 152); ces hypothèses rentrent en effet dans les termes de la loi de 1824, qui punit le fait de faire apparaître par addition ou par une altération quelconque le nom d'un lieu autre que celui où l'objet est fabriqué.

Ce que le législateur a voulu empêcher, c'est l'usurpation du nom d'un lieu de provenance, et par suite il n'y a pas lieu de rechercher si le nom de provenance usurpé jouit ou non d'une notoriété particulière au point de vue industriel (Cassat. 23 janvier 1892; *Pandectes franç.,* 93, I, 90).

A l'inverse, il n'y aura pas usurpation de nom de lieu, lorsque l'indication de la provenance n'est pas mensongère : si donc je possède un domaine qui porte le même nom qu'une autre localité où se fabriquent certains produits, et si je fabrique dans mon domaine ce même genre de produits, je pourrai leur en attribuer le nom sans m'exposer à commettre le délit de fausse indication de provenance, puisqu'en réalité mes produits portent le nom véritable du lieu d'où ils proviennent, pourvu, bien entendu, que je n'aie pas eu d'intention frauduleuse en choisissant cette localité comme lieu de fabrication (Trib. Seine 29 janvier 1879; *Annales*, 79, 313); mais j'agirai prudemment en pareil cas en ajoutant au nom de mon domaine les indications nécessaires pour éviter toute confusion avec les produits similaires provenant de l'autre localité de même nom.

La fausse indication de provenance ne consistera pas toujours dans l'apposition du nom usurpé sur le produit; elle peut consister dans le fait de répandre des prospectus ou de délivrer des factures sur lesquels les produits sont mentionnés avec une fausse indication de provenance; il n'y a pas alors délit pénal dans les termes de la loi de 1824; les intéressés ne pourraient pas poursuivre devant les tribunaux correctionnels la répression de cette manœuvre. Mais un pareil fait constitue néanmoins un acte de concurrence déloyale, qui donne le droit d'agir en dommages-intérêts devant les tribunaux de commerce.

La fausse indication de provenance pourrait encore consister dans l'apposition sur le produit d'une marque de fabrique ou de commerce indiquant une origine mensongère : ce fait constituerait-il le délit prévu par a loi de 1824 ? On a soutenu que, puisqu'il s'agit de marque, on doit s'en référer à la loi du 23 juin 1857 sur les marques; or l'article 8 de cette loi punit ceux qui font usage d'une marque portant des indications propres à tromper l'acheteur sur la *nature* du produit, expression générale, dit-on, qui comprend tous les caractères distinctifs du produit et notamment sa provenance. Je n'accepte pas pour ma part cette opinion, et j'estime que la loi de 1824 devra recevoir encore son application dans cette hypothèse : rien dans son texte ni dans son esprit ne s'y oppose ; quant à la loi de 1857, un amendement avait été proposé pour introduire dans son article 8 une disposition punissant la tromperie sur l'origine des produits; cet amendement a été rejeté, pour des motifs pitoyables il est vrai, mais il n'en reste pas moins acquis que cette situation n'a pas été réglée par la loi de 1857; et c'est par suite dans la loi de 1824 que les intéressés doivent trouver protection contre ce genre de concurrence déloyale.

4. — Il faut, avons-nous dit, pour qu'il y ait infraction à la loi de 1824 ou simple concurrence déloyale, que l'*indication mensongère soit relative au lieu de provenance attribuée au produit*. Par exemple, des couteaux fabriqués autre part qu'à Langres sont mensongèrement indiqués comme pro-

venant de Langres. Mais ici se posent deux questions : que faut-il entendre par lieu de provenance ? La répression des fausses indications de provenance est-elle possible qu'il s'agisse de produits fabriqués ou de produits naturels ? Répondons d'abord à cette seconde question.

5. — Il n'y a pas de doute possible en ce qui concerne les objets fabriqués : la loi de 1824 prévoit et punit expressément l'indication sur des *objets fabriqués* du nom d'un lieu autre que celui de la fabrication. Mais de la mention faite par cette loi uniquement des objets fabriqués, et de son silence en ce qui concerne les produits naturels il résulte que l'attribution faite à des produits naturels d'une fausse indication de provenance ne constituerait pas le délit de la loi de 1824 (Paris 29 juin 1882, *Annales*, 83, 187), mais seulement un acte de concurrence déloyale à l'égard des commerçants qui vendent les produits provenant du lieu dont le nom a été usurpé. Il en serait ainsi, par exemple, en ce qui concerne les eaux minérales naturelles, avec cette restriction que si le nom de la localité est devenu le nom générique servant à désigner une certaine nature d'eaux minérales, les propriétaires de sources semblables dans le voisinage de la localité peuvent donner à ces eaux le nom de la localité principale, à condition de mentionner aussi la provenance exacte de l'eau minérale ; ainsi une compagnie propriétaire à Cusset, près Vichy, d'une source ayant la nature des eaux de Vichy, peut donner à ses eaux le nom d'eaux de Vichy, à la condition d'indiquer que les sources sont situées à Cusset, pour éviter toute confusion (Seine 8 mai 1894, *Annales*, 95, 8 ; Rouen 12 juillet 1893, *Annales*, 95, 25). De même les fabricants d'eaux minérales artificielles peuvent donner à ces eaux le nom de provenance des eaux minérales naturelles similaires, même si elles ne sont pas fabriquées à l'endroit indiqué par le nom de localité, pourvu que les bouteilles d'eau minérale artificielle soient revêtues d'indications propres à éviter toute confusion avec l'eau naturelle de même nom (Lyon 7 mai 1841 ; Dalloz, 42, II, 27). Ajoutons enfin que les vins sont avec raison considérés comme des produits fabriqués.

6. — Arrivons maintenant à notre première question : que faut-il entendre par *lieu de provenance ?* C'est l'endroit (ville, contrée, province, domaine privé ou lieu quelconque) dans lequel le produit naturel a été recueilli, ou dans lequel l'objet a été fabriqué. La tromperie consistera à indiquer faussement un autre endroit comme lieu de provenance.

Il n'est pas toujours aisé de déterminer le lieu de fabrication d'un objet. Ainsi, un objet, dont la fabrication nécessite plusieurs opérations, subit ces diverses manipulations dans des localités diverses ; laquelle de ces localités devra être considérée comme le lieu de fabrication ? Évidemment celle où l'objet subit l'opération principale de sa fabrication ; ce sera le lieu de provenance de ce produit. Il y aurait donc fausse indication de provenance, dans cette hypothèse, si le produit porte le nom de la localité où il n'a pas été fabriqué à proprement parler, mais a seulement subi une manipulation secondaire.

En ce qui concerne les vins, les eaux-de-vie, les huiles, les cidres et autres produits fabriqués de même nature, il faudra, par exception au principe, considérer comme lieu de fabrication celui où les raisins, les olives ou les pommes sont récoltés, sans s'inquiéter du lieu où ils sont travaillés (Paris 24 août 1851) ; mais s'il s'agit de lieux fameux non seulement par leurs crus, mais encore par la façon dont les vins y subissent une préparation spéciale, le nom de ces lieux ne pourra être donné qu'aux vins qui y seront à la fois récoltés et fabriqués ; ainsi le nom de Champagne ne pourrait pas être donné à des vins fabriqués en Champagne et récoltés en Roussillon, ni à des vins récoltés en Champagne et préparés en Roussillon avec les procédés champenois (Angers 19 juillet 1887 ; *Annales*, 88, 337. — Paris 18 novembre 1892 ; *le Droit industriel*, 1893, p. 65).

D'ailleurs, qu'il s'agisse d'une ville ou d'une région, leur nom ne doit pas être exclusivement réservé aux produits fabriqués dans les limites mêmes de la ville ou de la région ; il faudra permettre l'emploi du nom de la ville ou de la région pour les produits fabriqués dans les faubourgs ou le voisinage immédiat de la ville ou de la contrée ; il y a là une certaine latitude laissée à l'appréciation des tribunaux (Cassat. 2 juillet 1888 ; *Annales*, 88, 343. — Trib. Versailles 23 février 1888 ; *Annales*, 88, 349. — Contrd, Cassat. 26 juillet 1889 ; *Annales*, 89, 266).

7. — Remarquons enfin qu'il n'y aura pas de fausse indication de provenance, quand le nom de localité, apposé sur des produits fabriqués ailleurs, est devenu générique de ce genre de produits ; tel est le cas des appellations *savons de Marseille, eau de Cologne*, etc. (Comp. Paris 24 janvier 1883 ; *Annales*, 81, 157.)

§ 2. — *A qui appartient le droit de poursuivre la répression des fausses indications de provenance ?*

8. — Ce droit appartient en premier lieu au ministère public, pour agir au correctionnel, et en second lieu à tous intéressés, sauf à distinguer les voies qui leur sont ouvertes.

Par intéressés à la répression des fausses indications de provenance, il faut entendre ceux à qui appartient le nom du lieu faussement indiqué comme provenance, c'est-à-dire les fabricants établis dans le lieu dont le nom est usurpé ; il faut entendre également les consommateurs lésés par la tromperie ; disons de suite que ces deux catégories d'intéressés pourront agir contre l'usurpateur soit par la voie correctionnelle, soit par voie d'action civile en dommages-intérêts.

Que décider à l'égard du commerçant non fabricant, qui fait le commerce des produits provenant du lieu dont le nom est usurpé ? Il pourra certainement agir contre l'usurpateur par voie d'action en dommages-intérêts, à la condition de prouver que l'usurpation lui a causé un préjudice ; mais pourra-t-il agir aussi au correctionnel en vertu de la loi de 1824 ? La jurisprudence répond négativement en disant que la loi de 1824 n'a entendu protéger que les fabricants (Orléans 20 février 1882 ; *Annales,* 82, 209) et les consommateurs.

9. — Nous avons supposé jusqu'à présent que la fausse indication de provenance consistait dans l'usurpation du nom d'une localité française ; mais il peut arriver également qu'elle consiste dans l'usurpation du nom d'une localité étrangère, réputée pour certains produits, appliqué à des produits similaires de provenance française.

Bien entendu, le ministère public, le consommateur français et le commerçant français lésés pourront poursuivre la répression de cette usurpation comme nous l'avons exposé au n° 8. Quant aux commerçants étrangers lésés et quant aux fabricants étrangers, ils ne pourront agir en France contre l'usurpateur que s'ils ont été autorisés à établir leur domicile en France (art. 13, *C. civ.*), ou si les noms de localités françaises sont protégés dans leur pays soit par la loi, soit par des traités (loi du 26 novembre 1873, art. 9. — Trib. com. Seine 18 octobre 1888 ; *la Loi,* 4 novembre 1888).

§ 3. — *Contre qui la répression des fausses indications de provenance peut-elle être poursuivie ?*

10. — L'action peut, en premier lieu, être intentée contre l'auteur principal de la supposition du nom de provenance, et celui-ci ne pourrait pas, pour échapper à une condamnation, exciper de sa bonne foi.

De même les marchand, commissionnaire ou débitant quelconque, qui, sans avoir apposé eux-mêmes sur les objets la fausse indication de provenance, auront pourtant sciemment vendu, exposé en vente ou mis en circulation les objets portant une fausse indication de provenance, seront passibles des effets de la poursuite ; mais cette catégorie de personnes échappera à une condamnation, si leur bonne foi est établie.

§ 4. — *Compétence, sanction.*

11. — Nous avons dit plus haut que, suivant les cas, les fausses indications de provenance peuvent donner lieu soit à une poursuite correction-

nelle en vertu de la loi de 1824, soit à une action civile en dommages-intérêts.

Dans tous les cas où la voie correctionnelle est ouverte, l'intéressé a aussi le droit d'agir, s'il le préfère, par voie d'action civile en dommages-intérêts (Trib. com. Seine 19 novembre 1881 ; *Annales*, 83, 47).

L'action civile directe en dommages-intérêts est de la compétence du tribunal de commerce (Limoges 30 juillet 1864 ; *Annales*, 65, 56).

12. — En cas de condamnation par le tribunal correctionnel, les peines encourues par l'usurpateur consistent dans un emprisonnement de trois mois à un an, et dans une amende qui ne pourra excéder le quart des restitutions et dommages-intérêts, ni être inférieure à 50 fr. ; de plus, le tribunal pourra ordonner l'affichage du jugement et son insertion entière ou par extraits dans des journaux, et ce aux frais du condamné (Loi de 1824, et art. 423, *C. pén.*). Le tribunal correctionnel est en outre tenu de prononcer obligatoirement la confiscation des étiquettes et enveloppes, et peut facultativement prononcer la confiscation de la marchandise, si les objets appartiennent encore au prévenu, ou si la valeur lui en est due.

D'ailleurs, même devant le tribunal correctionnel, le plaignant peut se porter partie civile, afin d'obtenir des dommages-intérêts. Ceux-ci doivent être limités au préjudice éprouvé personnellement par la partie lésée (Paris 12 août 1864 ; *Annales*, 65, 38).

II. — LA FAUSSE INDICATION DE PROVENANCE PORTE SUR DES OBJETS DE PROVENANCE ÉTRANGÈRE

13. — Nous supposons, dans cette seconde section, qu'il s'agit d'objets fabriqués en pays étrangers et revêtus de l'indication d'un lieu de fabrication française ; par exemple, des soieries fabriquées en Allemagne, à Crefeld, portent la mention « soieries de Lyon ». On comprend quelle concurrence cette pratique peut faire subir à nos produits nationaux. C'est un moyen pour les fabricants étrangers d'écouler leurs produits sous le couvert de la réputation attachée aux produits français similaires, et d'enlever ainsi des débouchés à l'industrie française : celle-ci court d'ailleurs un autre danger, c'est de voir déprécier ses produits par suite de la qualité souvent inférieure des produits similaires étrangers faussement revêtus d'une indication de provenance française.

Le législateur français est impuissant à réprimer ce mode de concurrence déloyale, quand il se produit sur les territoires étrangers ; les intéressés lésés ne peuvent agir contre les auteurs de ces actes de concurrence en dehors de France que dans la mesure où le permettent les lois étrangères ou les conventions diplomatiques. Mais, du moins, la loi française avait le devoir de sévir pour le cas où les produits étrangers touchent le territoire français, car alors elle peut avoir une portée efficace.

Ainsi que nous le verrons, la loi de 1824 reçoit ici encore son application dans une certaine mesure; mais elle était d'une protection insuffisante, qu'est venue compléter, en ce qui concerne notre hypothèse, l'article 19 de la loi du 23 juin 1857; celui-ci s'exprime ainsi : « Tous produits étrangers portant, soit la marque, soit le nom d'un fabricant résidant en France, soit l'indication du nom ou du lieu d'une fabrique française, sont prohibés à l'entrée et exclus du transit et de l'entrepôt et peuvent être saisis en quelque lieu que ce soit..... »

La loi de 1857 prévoit donc un certain nombre de moyens employés pour attribuer à des produits étrangers l'apparence d'une origine française : toutes ces hypothèses reçoivent la même sanction; mais néanmoins, pour rester dans les limites de notre étude, nous nous bornerons à examiner le cas où les produits étrangers portent l'indication du lieu d'une fabrique française, c'est-à-dire l'*indication d'un lieu de fabrication française,* car c'est alors qu'il y a, à proprement parler, fausse indication de provenance.

§ 1er. — *Des conditions pour que la fausse indication de provenance apposée sur des produits étrangers tombe sous l'application de la loi.*

14. — Deux conditions sont nécessaires : il faut d'une part que le produit étranger soit revêtu d'une fausse indication de provenance *française,* et d'autre part que ce produit soit importé en France.

Ceci dit, examinons plusieurs hypothèses.

15. — En premier lieu, nous supposons que l'indication d'un lieu de fabrication française est apposée par un industriel étranger sur ses produits, qu'il fabrique en pays étranger et qu'il veut ensuite écouler en France. L'article 19 de la loi de 1857 recevra ici son application, ainsi que la loi de 1824, dans une certaine mesure, comme nous le verrons plus loin. (Voir ci après, n°s 20 et 21.)

16. — Il peut arriver en second lieu qu'un industriel ou un commerçant français fasse fabriquer ses produits en pays étranger, soit dans une fabrique dont il est propriétaire, soit dans une fabrique appartenant à un étranger : il appose sur ces produits étrangers le nom d'une localité française et les importe ensuite en France. Ces produits tombent-ils, à leur importation en France, sous le coup de la loi de 1857, article 19? Oui, certainement, si la localité française dont le nom est faussement indiqué

sur le produit étranger, a une renommée particulière pour la fabrication de ce genre de produits, car il est bien évident que la fausse indication de provenance française a pour but de faire bénéficier ces produits étrangers de la réputation attachée aux produits similaires de la localité française. Peu importe d'ailleurs, en ce cas, que l'industriel français qui introduit en France ces produits étrangers, ait ou non sa maison de vente dans la localité française indiquée sur le produit; dans les deux cas, il y aurait fausse indication de provenance. La loi de 1857 demande ici à recevoir son application, tant à raison de la généralité des termes de l'article 19 que de son esprit; d'ailleurs, la loi du 28 juillet 1824 est également applicable en ce cas à l'égard de l'industriel ou du commerçant français, auteur de la fraude, et à l'égard des marchands, commissionnaires et débitants de mauvaise foi. (Chambéry 30 décembre 1882; *Annales*, 84, 208. — Cassation 23 février 1881; *Annales*, 84, 208. — Bordeaux 17 mars 1886; *Annales*, 88, 83.)

17. — Les mêmes solutions s'imposent-elles, si la localité française, dont le nom est apposé sur les produits étrangers, n'a pas une réputation particulière pour ce genre de produits? Malgré quelques hésitations, la jurisprudence semblait plutôt portée à repousser en ce cas l'application de l'article 19 de la loi de 1857, pourvu que l'industriel importateur ait sa maison de vente dans la localité française indiquée sur les produits fabriqués à l'étranger; on considérait alors que l'indication du nom de la localité française ne valait pas comme indication de provenance, mais comme indication de lieu de vente (Paris 21 février 1883; *Annales*, 84, 212. — Cassation 3 avril 1887; *Annales*, 88, 81.) Cette solution, très contestable à mon sens, en présence des termes très généraux de l'article 19 de la loi de 1857, doit être abandonnée aujourd'hui définitivement depuis la loi du 11 janvier 1892. Cette loi, en effet, qui a établi notre nouveau tarif douanier et consacré le régime protectionniste, dit, dans son article 15, § 1er, que « sont prohibés à l'entrée, exclus de l'entrepôt, du transit et de la circulation, *tous* produits étrangers, naturels ou fabriqués, portant, soit sur eux-mêmes, soit sur des emballages, caisses, ballots, enveloppes, bandes ou étiquettes, etc., une marque de fabrique ou de commerce, *un nom*, un signe ou *une indication quelconque de nature à faire croire qu'ils ont été fabriqués en France ou qu'ils sont d'origine française* ».

18. — On peut donc dire d'une façon générale que l'indication d'un lieu de fabrication française sur des produits fabriqués à l'étranger constitue dans tous les cas un acte de concurrence déloyale et une fausse indication de provenance réprouvés par le législateur français.

Si donc le négociant français veut apposer sur ces produits étrangers son nom et son adresse, il ne pourra le faire en toute sécurité qu'en indiquant aussi l'origine étrangère du produit.

19. — Sous l'empire de la loi de 1857 déjà, on était unanime à reconnaître l'applicabilité de l'article 19 au cas où le lieu de fabrication faussement indiqué sur les produits étrangers est imaginaire ou de nature à faire croire à une provenance française. La loi du 11 janvier 1892 a consacré cette doctrine, en précisant une hypothèse particulière dans cet ordre d'idées : en effet, l'article 15, § 2, décide que la disposition contenue au paragraphe 1er, c'est-à-dire la prohibition, « s'applique également aux produits étrangers, fabriqués ou naturels, obtenus dans une localité de même nom qu'une localité française, qui ne porteront pas, en même temps que le nom de cette localité, le nom du pays d'origine et la mention « importé » en caractères manifestement apparents ». Il va sans dire d'ailleurs que l'indication du nom du pays d'origine et la mention « importé » ne sont exigées que si le nom de la localité est indiqué lui-même, car alors seulement il y a une confusion à éviter et une fraude à déjouer.

§ 2. — *Sanctions de la prohibition d'apposer sur des produits étrangers une indication de provenance française.*

20. — La loi du 28 juillet 1824 recevra son application, même quand la fausse indication d'une provenance française porte sur des produits fabriqués à l'étranger, à l'égard des marchands, commissionnaires et débitants quelconques, qui, sciemment, vendent, exposent en vente ou mettent en circulation en France ces produits : l'industriel français ou étranger établi en France, qui fait fabriquer à l'étranger ces produits et qui les introduit en France avec la fausse indication d'origine française, rentre dans cette énumération et est, par suite, passible des condamnations prononcées par la loi de 1824.

21. — Quant au fabricant établi à l'étranger, qui fabrique en pays étranger les produits destinés à être revêtus d'une fausse indication de provenance française pour être importés en France, il demeure à l'abri de la loi de 1824, car la fabrication à l'étranger ne tombe pas sous le coup de la loi française ; mais celle-ci conservera sa portée contre les débitants en France (Paris 6 novembre 1851 ; *Annales*, 58, 126), et même contre les commissionnaires qui se bornent à mettre ces produits en circulation en France uniquement pour les réexpédier dans un autre pays étranger, sans les livrer à la consommation intérieure. (Cassation 27 février 1880 ; *Annales*, 80, 179.)

22. — Nous nous sommes déjà expliqué sur l'action à laquelle donne droit la loi de 1824, et sur la sanction qu'elle comporte ; nous nous bornons à renvoyer sur ce point le lecteur à nos explications antérieures.

23. — La loi de 1824 était insuffisante pour réprimer les fraudes que nous étudions. D'une part, en effet, les produits étrangers revêtus d'une fausse indication de provenance française passaient presque toujours librement notre frontière, les intéressés n'ayant le plus souvent connaissance de l'introduction en France que par la mise en vente de ces produits, de telle sorte que la loi de 1824 ne pouvait interrompre la concurrence qu'après qu'elle s'était déjà manifestée, sans pouvoir l'arrêter à la frontière même. D'autre part, les produits étrangers présentés en transit gagnaient très souvent le bureau de sortie avant que les intéressés aient pu intervenir et sans que l'administration des douanes ait eu le pouvoir d'agir. Le remède à ces inconvénients a été fourni par l'article 19 de la loi de 1857, complété et précisé par l'article 15, § 1er, de la loi douanière de 1892, qui tous deux comportent les mêmes sanctions et la même protection.

Ces sanctions s'appliquent à tous les produits étrangers, soit naturels, soit fabriqués, portant soit sur eux-mêmes, soit sur des emballages, caisses, ballots, enveloppes, bandes ou étiquettes, etc., la marque de fabrique ou de commerce d'un fabricant résidant en France, l'indication du nom ou du lieu d'une fabrique française, un nom, un signe ou une indication quelconque de nature à faire croire qu'ils ont été fabriqués en France ou qu'ils sont d'origine française.

La protection établie par les lois de 1857 et de 1892 consiste à prohiber aux produits étrangers, dont nous nous occupons, l'entrée du territoire français, même en entrepôt ou en transit. Par conséquent, dès qu'un de ces produits étrangers se présente à la frontière française, le premier devoir de la douane est d'en pratiquer la saisie ; la saisie peut également être faite à la requête du ministère public ou de la partie lésée : la saisie est donc la sanction de la prohibition légale. Si le produit étranger est parvenu à franchir la frontière, le même droit de saisie appartient au ministère public et à la partie lésée, en quelque lieu du territoire français que se trouve ce produit, et à la douane dans le rayon de douane. (Comp. Bayonne 27 nov. 1893 ; *Pand. franç.*, 1894, 2, 313.)

24. — Le ministère public peut agir d'office, sans qu'il soit besoin d'une plainte préalable de la partie lésée.

25. — Par partie lésée, il faut entendre tous les fabricants de la localité dont le nom a été faussement indiqué comme lieu de provenance fran-

çaise, qu'ils soient Français ou étrangers, car l'article 19 de la loi de 1857
ne distingue pas. J'estime que le terme général « partie lésée », employé
par la loi de 1857, doit comprendre également le commerçant, qui, sans
fabriquer lui-même, fait le commerce des produits provenant du lieu dont
le nom est usurpé : son intérêt à empêcher la concurrence déloyale étrangère n'est pas moindre que celui du fabricant.

26. — Dans le cas où la saisie est faite à la diligence de l'administration des douanes, le procès-verbal de saisie est immédiatement adressé au
ministère public.

La saisie des produits étrangers n'est en définitive qu'une mesure con-
servatoire des droits des intéressés ; il importe à un double point de vue
que cette mesure ne se prolonge pas indéfiniment ; d'une part, en effet,
l'introducteur en France des produits étrangers a intérêt à voir trancher
la question de savoir si ses produits sont revêtus ou non d'une fausse indication de provenance française, et, d'autre part, la douane ne peut pas
être encombrée trop longtemps par les produits saisis. Aussi l'article 19
décide-t-il que l'action en justice (qui tend à faire constater l'usurpation
et à faire valider la saisie) doit être intentée par la partie lésée ou par le
ministère public dans le délai de deux mois à partir de la saisie, sous
peine de nullité de la saisie.

Pendant la durée de l'instance, les produits saisis demeurent au bureau
de la douane, à moins que le tribunal n'en ordonne le transfert au greffe.

27. — Si le tribunal décide que les produits étrangers ont été revêtus
d'une fausse indication de provenance française, il validera la saisie et
prononcera la confiscation des marchandises et au besoin leur remise à la
partie plaignante[1], si l'action est dirigée par une partie lésée, sauf à celle-
ci à acquitter les droits de douane. Lorsqu'au contraire l'action est intentée
par le ministère public seul, ou lorsque le lieu de provenance indiqué est
purement imaginaire, la confiscation profitera au Trésor. (Rouen 25 février 1859; *Annales*, 64, 66.)

28. — Nous avons vu que l'article 15, § 2, de la loi du 11 janvier 1892
prévoit un cas spécial de fausse indication de provenance française apposée sur des produits étrangers, celle qui consiste à apposer sur des
produits étrangers, fabriqués ou naturels, obtenus dans une localité
de même nom qu'une localité française, le nom de cette localité, sans
y ajouter le nom du pays d'origine et la mention « importé » en caractères manifestement apparents. Les dispositions de la loi de 1857 ne

---

1. Si, par sa nature, le produit étranger était prohibé à l'entrée, la partie à qui la
remise en a été accordée ne pourrait le recevoir qu'à la charge de le réexpédier.

reçoivent pas leur application dans cette hypothèse ; cela a été dit d'une façon formelle lors de la discussion du projet au Sénat. Par conséquent, la seule sanction de l'article 15, § 2, consiste dans la prohibition de ces produits étrangers à l'entrée, à l'entrepôt, au transit et à la circulation, et dans l'application des dispositions répressives de la législation douanière, notamment dans le droit de *saisie par la douane exclusivement, et seulement à l'importation ou à la circulation dans le rayon de douane.*

III. Comment est réprimée la fausse indication de provenance

d'après le droit conventionnel.

29. — Nous avons vu que si la législation intérieure d'un pays a les moyens de réprimer la concurrence déloyale produite à l'aide de fausses indications sur la provenance des produits, quand elle est effectuée ou qu'elle se manifeste dans les limites de la frontière, elle est au contraire impuissante contre la fraude qui a lieu en pays étrangers. C'est pourtant une des plus fréquentes et des plus dangereuses, à raison même de l'impunité dont jouissent en ce cas les industriels peu scrupuleux. Il était donc à souhaiter qu'une entente internationale intervînt sur ce point entre les différentes nations, afin que la fausse indication de provenance employée au préjudice des nationaux de l'une d'elles dans un pays étranger y pût être poursuivie par les intéressés lésés. Cette entente internationale a été réalisée entre un certain nombre d'États par la convention d'Union pour la protection de la propriété industrielle conclue à Paris le 20 mars 1883 (art. 9 et 10), et par le premier arrangement conclu à la conférence de Madrid le 14 avril 1891.

§ 1er. — *Convention d'Union signée à Paris le 20 mars 1883* [1].

30. — Aux termes des articles 9 et 10 de cette convention, « *tout produit* portant illicitement une marque de fabrique ou de commerce, ou un nom commercial, *pourra être saisi à l'importation* dans ceux des États de l'Union dans lesquels cette marque ou ce nom commercial ont droit à la protection légale. *La saisie aura lieu à la requête soit du ministère public, soit de la partie intéressée, conformément à la législation intérieure*

---

1. Ont adhéré actuellement à cette convention : la Belgique, le Brésil, le Danemark, la République dominicaine, l'Espagne, les États-Unis, la France, la Grande-Bretagne, l'Italie, la Norwége, les Pays-Bas, le Portugal, la Serbie, la Suède, la Suisse, la Tunisie.

de chaque État. Les dispositions qui précèdent sont applicables à tout produit portant faussement, comme indication de provenance, le nom d'une localité déterminée, lorsque cette indication sera jointe à un nom commercial fictif ou emprunté dans une intention frauduleuse. Est réputé partie intéressée, tout fabricant ou commerçant engagé dans la fabrication ou le commerce de ce produit, et établi dans la localité faussement indiquée comme provenance. »

Ainsi la convention de 1883 déclare illicite la fausse indication de provenance apposée sur des produits, quels qu'ils soient, naturels ou fabriqués, et consistant dans l'apposition frauduleuse sur les produits du nom d'une localité déterminée, lorsque cette indication sera jointe à un nom commercial *fictif ou emprunté dans une intention frauduleuse.* Par exemple, un fabricant espagnol de vins expédie en Suède un vin fabriqué en Espagne en l'intitulant « *Champagne* » ; cette fausse indication de provenance ne tombera sous le coup de la convention de 1883 que si elle est accompagnée d'un nom commercial fictif ou emprunté dans une intention frauduleuse, tels que « *Moët et Chandon, Épernay* » [1]. La convention de 1883 est donc moins rigoureuse que la loi de 1857, qui n'exige pas cette seconde supercherie pour atteindre la fausse indication de provenance.

La sanction de cette disposition consiste dans la saisie du produit à l'importation dans les pays de l'Union, à la requête du ministère public ou de la partie intéressée, ce qui comprend les fabricants comme les commerçants (nationaux ou étrangers), qui sont engagés dans la fabrication ou le commerce de ce produit, pourvu qu'ils soient établis dans la localité faussement indiquée comme provenance. Il est bon de remarquer en outre que la convention de 1883 n'autorise pas la saisie de ces produits introduits dans les pays de l'Union en transit ou en entrepôt, et ne donne pas à l'administration des douanes le droit d'opérer la saisie.

31. — On s'est demandé si la convention de 1883 a abrogé l'article 19 de la loi française de 1857. On est aujourd'hui unanime à répondre négativement. La convention de 1883 établit en effet seulement *un minimum de protection* dû par les États de l'Union n'ayant pas de loi contre les fausses indications de provenance ou ayant des lois moins sévères. Mais chaque État conserve, bien entendu, le droit d'édicter des lois internes plus rigoureuses. Par conséquent, en nous plaçant au point de vue français, notre loi de 1857 (confirmée d'ailleurs par la loi de 1892) continuera à

---

1. Même en l'absence de ce second mensonge, le vin pourrait être saisi en France, s'il y passe en transit, en vertu de la loi de 1857.

s'appliquer aux produits étrangers introduits en France avec une fausse indication de provenance *française*, tandis que la convention de 1883 recevra chez nous son application à l'égard des produits étrangers introduits en France avec une fausse indication de provenance *étrangère* : par application de ce dernier principe, si nous s, pposons qu'un fabricant suisse d'armes introduise en France des épées fabriquées en Suisse et portant simplement l'indication « Tolède », les fabricants de Tolède ne pourront pas faire saisir ces produits à leur importation en France, parce qu'ils ne pourront invoquer ni les lois françaises de 1857 et de 1892, qui ne sont pas faites pour cette hypothèse, ni la convention de 1883, puisqu'à la fausse indication de provenance n'est pas joint un nom commercial fictif ou emprunté dans une intention frauduleuse.

32. — Cet exemple montre que, malgré son indiscutable utilité, la convention de 1883 avait des imperfections. Il suffisait en effet à un industriel d'apposer sur ses produits une fausse indication de provenance sans y ajouter un nom commercial fictif ou emprunté frauduleusement, ou en y joignant son propre nom, et d'expédier ensuite ces produits dans un pays de l'Union dont la législation intérieure n'atteignait pas ce genre de fraude, pour échapper par là même à la disposition de l'article 10, et exercer en toute sécurité sa concurrence déloyale. Il y avait là une lacune à combler; tel a été l'objet du premier arrangement signé à Madrid le 14 avril 1891.

§ 2. — *Arrangement conclu à la conférence de Madrid le 14 avril 1891 concernant la répression des fausses indications de provenance sur les marchandises* [1]. ·

33. — Aux termes de l'article 1er de cet arrangement, « tout produit portant une fausse indication de provenance, dans laquelle un des États contractants ou un lieu situé dans l'un d'eux serait, directement ou indirectement, indiqué comme pays ou comme lieu d'origine, sera saisi à l'importation dans chacun desdits États ». Cet article prohibe donc toute fausse indication de provenance, qui consiste dans l'apposition sur le produit du nom d'un des États contractants ou d'un lieu situé dans l'un d'eux, sans qu'il soit nécessaire qu'un nom commercial fictif ou emprunté dans une intention frauduleuse y soit ajouté. Par exemple, un fabricant de papiers fabriqués en France ne pourra pas les introduire en Suisse avec cette indication « papiers anglais »; de même, des soieries fabriquées à Zurich,

---

1. Ont adhéré actuellement à cet arrangement : l'Espagne, la France, la Grande-Bretagne, le Portugal, la Suisse, la Tunisie.

sur lesquelles est apposée la mention « X***, négociant à Lyon », ne pourront pas être introduites dans les États signataires de l'arrangement, parce que cette mention indique indirectement et faussement Lyon comme lieu d'origine, à moins qu'à cette mention ne soit ajoutée cette autre mention « fabriqué à Zurich », car alors la vérité est rétablie.

34. — Il n'est pas sans intérêt de remarquer que la répression des fausses indications de provenance s'appliquera non seulement aux objets fabriqués dans un des pays contractants, mais aussi à ceux qui sont fabriqués dans un pays étranger à l'arrangement, et qui, après avoir été revêtus d'une fausse indication de provenance réprimée par l'article 1er, seraient importés dans un des États signataires : ainsi l'article 1er permet de saisir à leur importation en Espagne, par exemple, des jouets fabriqués en Allemagne (pays non signataire de l'arrangement) et portant le nom et l'adresse d'un négociant parisien, sans indication de l'origine allemande.

35. — Le premier arrangement de Madrid est donc d'une portée beaucoup plus efficace que l'article 10 de la convention de 1883; celui-ci est d'ailleurs abrogé par l'article 1er du premier arrangement de Madrid à l'égard des États qui ont ratifié cet arrangement ; mais comme le nombre de ces derniers est inférieur à celui des États signataires de la convention de 1883, cette convention et son article 10 restent encore en vigueur en ce qui concerne les États adhérents à la convention de 1883, qui ne font pas partie de l'Union plus restreinte de Madrid.

36. — La sanction de la disposition édictée par l'arrangement de Madrid consiste dans la saisie du produit, revêtu de la fausse indication de provenance. Cette saisie a lieu soit à l'importation dans l'un quelconque des États contractants, soit dans l'État même où la fausse indication de provenance aura été apposée, si cet État fait partie de l'Union restreinte, soit dans l'État contractant où le produit aura réussi à s'introduire (art. 1er, §§ 1 et 2). Mais les autorités ne sont pas tenues d'effectuer la saisie en cas de transit (art. 2, § 2).

Cette saisie doit avoir lieu dans chacun des États, conformément à la législation intérieure de l'État. Or certains pays contractants, comme les États-Unis, n'autorisent pas, d'après leur législation interne, la saisie des produits portant une fausse indication de provenance ; pour assurer dans ces États l'observation de la prohibition consacrée par l'arrangement de Madrid, l'article 1er, § 3, décide qu'à l'égard de ces États la saisie sera remplacée par les actions et moyens que la loi de l'État assure en pareil cas à ses nationaux.

La saisie a lieu à la requête soit du ministère public, soit d'une partie intéressée, individu ou société, conformément à la législation intérieure de chaque État (art. 2).

37. — Dans ses articles 3 et 4, le premier arrangement de Madrid prévoit deux hypothèses, dans lesquelles l'indication inexacte de provenance n'est qu'apparente.

38. — a. Le négociant peut avoir intérêt à faire fabriquer ses produits à l'étranger, parce qu'il y trouvera des avantages soit à raison d'une main-d'œuvre moins chère, soit à raison d'une qualité meilleure de la matière première : il a aussi un très grand intérêt à indiquer son nom et son adresse sur ces produits étrangers; afin de les faire bénéficier de la réputation de sa maison. D'autre part, l'intérêt du consommateur à être averti que ces produits sont étrangers et ne sont pas fabriqués dans le pays ou dans le lieu que semble indiquer l'adresse, est digne d'être pris en considération. Pour concilier ces deux intérêts opposés, l'article 3 autorise ce négociant à indiquer son nom ou son adresse sur les produits provenant d'un pays différent de celui de la vente, à la condition que le nom ou l'adresse soit accompagné de l'indication précise et en caractères apparents du pays ou du lieu de fabrication ou de production. Par conséquent, le négociant lyonnais qui fait venir ses soieries de Zurich, pourra bien y mettre son nom et son adresse à Lyon, mais il devra y ajouter la mention « fabrication suisse »; de même, le négociant de Londres qui fait venir ses draps de Sedan, devra, à côté de son nom et de son adresse à Londres, indiquer la fabrication française du produit.

39. — Malgré sa portée considérable, l'article 3 sera pourtant parfois impuissant à réprimer les fraudes. Supposons en effet que des jouets fabriqués à Nuremberg et portant le nom et l'adresse d'un négociant parisien, sans mention de la fabrication allemande, soient importés directement en Angleterre par voie de mer; les douanes anglaises pourront saisir ces marchandises à leur entrée en Angleterre. Mais supposons maintenant que, après entente entre un négociant anglais et un négociant parisien, celui-ci fasse venir à Paris de Nuremberg des jouets fabriqués dans cette ville, sans y apposer son nom et son adresse : ces marchandises entreront librement en France, car, puisqu'il n'y a pas d'indications de provenance, il n'y a pas fausse indication de provenance; puis une fois arrivés à Paris, ces produits sont revêtus par le négociant parisien de son nom et de son adresse à Paris, et sont ensuite expédiés directement en Angleterre au correspondant anglais : rien ne révélera la fraude à la douane anglaise, qui laissera entrer ces produits, comme s'ils avaient véritablement une origine française, et la concurrence déloyale envers l'industrie parisienne du jouet se trouvera ainsi consommée.

40. — *b*. L'usage s'est établi de donner à certains produits des noms de villes ou de pays, sans pourtant que cette appellation générique pour ce genre de produits en indique l'origine: telles sont les dénominations *cuir de Russie, eau de Cologne, gants de Suède* et autres. Il eût été trop rigoureux d'appliquer les règles sur les fausses indications de provenance à ces sortes de produits, quand ils sont fabriqués dans un pays ou dans un lieu autre que celui par le nom duquel ils sont désignés; aussi l'article 4 décide-t-il avec raison que « les tribunaux de chaque pays auront à décider quelles sont les appellations qui, à raison de leur caractère générique, échapperont aux dispositions de l'arrangement de Madrid ».

41. — Pourtant l'article 4 dit expressément que cette réserve n'est pas applicable « aux appellations régionales de provenance des produits vinicoles »; on ne pourrait donc pas considérer comme une appellation générique et licite celle de *vin de Champagne*: cette dénomination ne peut être apposée que sur les vins provenant réellement de la Champagne; son apposition sur des produits étrangers constituerait la fausse indication de provenance qui en permettrait la saisie. Cette disposition, qui a une grande importance pour les producteurs français, a d'ailleurs été introduite sur l'insistance des délégués français à la conférence de Madrid. (Comp. Paris 18 novembre 1892; la *Propriété industrielle*, 1893, 112.)